Sus primeras 100 palabras en

INGLÉS

Inglés para principiantes absolutos por medio de adivinanzas y juegos

Series ideadas por
Jane Wightwick

Illustraciones
Mahmoud Gaafar

Edición en español
Lydia Goldsmith
Ana Bremón

McGraw·Hill

New York   Chicago   San Francisco   Lisbon   London   Madrid   Mexico City
Milan   New Delhi   San Juan   Seoul   Singapore   Sydney   Toronto

Copyright © 2003 by g-and-w PUBLISHING. All rights reserved. Printed in the United States of America. Except as permitted under the United States Copyright Act of 1976, no part of this publication may be reproduced or distributed in any form or by any means, or stored in a database or retrieval system, without the prior written permission of the publisher.

1 2 3 4 5 6 7 8 9 0   VLP/VLP   2 1 0 9 8 7 6 5 4 3

ISBN 0-07-142199-8

McGraw-Hill books are available at special quantity discounts to use as premiums and sales promotions, or for use in corporate training programs. For more information, please write to the Director of Special Sales, Professional Publishing, McGraw-Hill, Two Penn Plaza, New York, NY 10121-2298. Or contact your local bookstore.

Other titles in this series:

Your First 100 Words in Arabic
Your First 100 Words in Chinese
Your First 100 Words in French
Your First 100 Words in German
Your First 100 Words in Greek
Your First 100 Words in Hebrew
Your First 100 Words in Italian
Your First 100 Words in Japanese
Your First 100 Words in Korean
Your First 100 Words in Pashto
Your First 100 Words in Persian
Your First 100 Words in Russian
Your First 100 Words in Spanish

This book is printed on acid-free paper.

CONTENIDO

Tarjetas de vocabulario
(8 hojas de tarjetas desprendibles temáticas)

⊚ COMO USAR ESTE LIBRO

En este libro de actividades encontrará 100 palabras y frases claves en inglés. Todas las actividades están diseñadas específicamente para desarrollar su confianza en las primeras etapas del aprendizaje de un idioma. Muchas de las actividades se han inspirado en la clase de juegos que se usan para enseñar a los niños a leer en su propio idioma: tarjetas de vocabulario, juegos donde las palabras tienen que corresponder, juegos de memoria, ejercicios para hilar palabras, anagramas, etc. Éste no es sólo el método más efectivo de aprender nuevas palabras, sino que también es mucho más divertido.

Hemos incluído una **Introducción** para ayudarlo a empezar. Ésta es una introducción sencilla a la pronunciación y a la ortografía del inglés, que le dará consejos prácticos de cómo pronunciar y memorizar las palabras.

Después de eso podrá pasar a los **8 Temas**. Cada tema introduce palabras esenciales con dibujos para ayudar a la memorización. Hay una guía de pronunciación para que sepa cómo decir cada palabra. Estas palabras también aparecen en la sección de **Tarjetas de Vocabulario** al final del libro. Cuando ya haya dominado las palabras, puede entonces empezar con las actividades y juegos de cada tema.

Por último, hay una sección de **Resumen** para repasar todas las palabras nuevas y una de **Respuestas** a todas las actividades para que usted las cheque.

Siga estos 4 pasos para obtener el máximo el rendimiento:

1 Mire las palabras claves de cada tema y sus dibujos. Después, desprenda las tarjetas de vocabulario y barájelas. Póngalas de manera que el lado en inglés quede para arriba. Trate de decir la palabra y recuerde lo que significa. Entonces, voltee la tarjeta para checar el significado en español.

2 Ponga las tarjetas con el lado en español para arriba y trate de decir la palabra en inglés. Practique con las tarjetas todos los días de ambos lados. (Cuando pueda acordarse de una tarjeta por 7 días consecutivos, entonces ¡podrá archivarla!)

3 Practique con las actividades y los juegos de cada tema. Esto le reforzará su habilidad para reconocer las palabras claves.

4 Después de que haya cubierto todos los temas, podrá empezar con las actividades en la sección de **Resumen** para checar su conocimiento de todas las palabras en inglés del libro. También puede barajar las 100 tarjetas de vocabulario y ver cuántas de ellas puede usted recordar.

Esta forma flexible y divertida de aprender sus primeras 100 palabras en inglés tiene otra ventaja, ya que usted puede usarlo para estudiar en casa o en grupo.

◎ INTRODUCCIÓN

El propósito de esta sección es presentar los principios básicos de cómo se escribe y pronuncia el inglés. Si entiende estos principios tendrá una ventaja cuando trate de aprender sus primeras palabras. Concéntrese en los puntos más importantes. Los detalles vendrán a manera que vaya progresando.

Eche una mirada a esta sección y trate de pronunciar los sonidos en voz alta y con confianza, y después pase a los temas para empezar a practicar. A manera que avanza con las palabras de este libro de actividades, encontrará que poco a poco la ortografía y la pronunciación le empiezan a parecer cada vez más fáciles.

◎ Ayuda con la pronunciación

Como todo el mundo sabe, el inglés no se pronuncia como se escribe. Sin embargo, hay algunos puntos que le ayudarán a saber cómo pronunciar una palabra.

Las vocales en español son fáciles de pronunciar y solo tienen 5 sonidos que corresponden a las 5 vocales. No es así en inglés. Baste por ahora saber que las vocales tienen más sonidos que en español, y muchas veces una sola vocal representa un diptongo (el sonido de dos vocales juntas), como **table** ("mesa"), que se pronuncia *teibl*.

A veces una vocal llega a tener un sonido más largo que de costumbre, lo cual está indicado en este libro por el alargamiento del sonido de la vocal, (*shiip*, en lugar de *ship*).

Las letras "v" y "b" en español se podrían escribir con una sola letra, ya fuera siempre una "v" o siempre una "b" puesto que tienen el mismo sonido. Es solamente por tradición que todavía se les enseña a los niños que unas palabras van con "b" y otras con "v". Sin embargo, ambas letras representan dos sonidos completamente distintos en otros idiomas, como el francés, el italiano, el portugués, y también el inglés. Lo que nosotros llamamos la v chica se pronuncia cuando los dientes de arriba los apoyamos en el labio inferior. Con la "b" grande, simplemente juntamos los labios para producir el sonido. En este libro trataremos de pronunciar las diferencias entre las dos consonantes, ya que en inglés el no pronunciarlas puede dar lugar a confusiones: **very** quiere decir "muy", mientras que **berry** quiere decir "fresas, moras, zarzamoras", etc!

b con los labios juntos: **bed** ("cama")

v con los dientes superiores en el labio inferior: **very** ("muy")

Otra diferencia que merece la pena mencionar es que muchas palabras en inglés empiezan con la letra **s** seguida de otra consonante, lo cual no sucede en español. Por lo tanto, hay que poner un poco de atención para no decir *estomak* sino *stómak* (**stomach** — "estómago").

Hay algunos sonidos en inglés que no los pronunciamos en español, como la zeta, que en inglés suena como el zumbido de un mosquito, *zzzzzzzzzzz*. Hay algunas palabras que aunque se escriban con la letra **s**, también tienen el sonido de la **z**, por lo tanto, en la pronunciación las escribiremos con **z**. **Please** ("por favor") es un ejemplo: *pliiz*.

La **sh** se pronuncia como cuando queremos indicar que se necesita silencio y se dice *ssshhhhhhh*, como en **shoe** ("zapato"): *shu*.

La **th** suena como la "c" en "gracias" o la "z" en "zapato" cuando la pronuncian los españoles, como en **thank you** ("gracias"): *thank iú*.

Por último, la **w** como tal no la pronunciamos en español, así que el sonido lo verá representado como *hui...*, en **window** ("ventana"): *huíndou*. Sin embargo, al final de algunas palabras la **w** suena como la *u*, como en **new** ("nuevo"): *niú*.

La **h** en inglés se pronuncia como la "j" en español, como en **house** ("casa"): *jaus*.

Estas letras son muy similares: **p, t, k, g, ch, f, s, m, n, l, r**

Como ya hemos mencionado, las vocales en inglés forman diferentes sonidos dependiendo de la palabra.

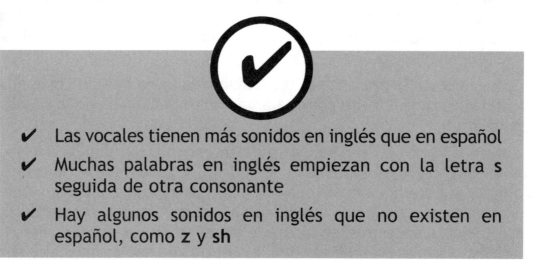

✔ Las vocales tienen más sonidos en inglés que en español

✔ Muchas palabras en inglés empiezan con la letra **s** seguida de otra consonante

✔ Hay algunos sonidos en inglés que no existen en español, como **z** y **sh**

◎ Reglas ortográficas

La mejor forma de aprender cómo pronunciar bien es fijarse en la pronunciación de cada palabra a medida de que la vaya aprendiendo. Los buenos diccionarios para estudiantes de inglés indican la pronunciación al lado de la palabra. No pierda mucho tiempo tratando de encontrar reglas ortográficas en el inglés, porque son tantas y se contradicen entre sí de tal forma que sirven de poco. A veces darán con una regla que parece aplicarse a una serie de palabras; por ejemplo **ee** casi siempre se pronuncia *ii*, y **ay** se pronuncia *ei*, pero tales reglas no son muy comunes.

Por último, hay que recordar que todas las palabras no se pueden pronunciar leyendo cada letra como si tuvieran su valor en español. Pero *Sus primeras 100 palabras en inglés* le ayudará a desarrollar su confianza al aprender inglés como si fuera un juego!

◎ Acentuación

Como regla general, las palabras en inglés tienden a acentuarse sobre la primera sílaba. Pero a la hora de escribirlo no hay que preocuparse, ¡pues en inglés no hay acentos!

◎ Puntuación

En inglés sólo se usan los signos de interrogación y de exclamación al final de la frase: **Where?** ("¿Dónde?"); **Great!** ("¡Qué padre!").

◎ Masculinos y femeninos

Una gran ventaja del inglés es que no tiene género masculino ni femenino como el español, lo cual hace mucho más fácil su aprendizaje.

✔ En inglés sólo se usan los signos de interrogación y de exclamación al final de la frase

✔ No tiene género masculino ni femenino

✔ En general, las palabras tienden a acentuarse sobre la primera sílaba aunque los acentos no se escriben

◎ Palabras similares

Usted probablemente ya sabe mucho más inglés de lo que se imagina. Hay muchas palabras similares al español. Si aplica usted algunas de las reglas de pronunciación que presentamos en la introducción, lo más probable es que ya pueda usted pronunciarlas como un anglo-parlante.

A continuación hay algunos ejemplos de palabras similares en inglés y en español. Con estas palabras y las 100 palabras claves en este libro, de seguro usted ya habrá progresado mucho más de lo que se imaginaba posible.

television
(que se pronuncia *televíshion*)

computer (*compiúter*)

shorts (como en español, *shorts*)

hotel (*joutél*)

taxi (igual que en español)

telephone (*télefoun*)

restaurant (*réstorant*)

elephant (*élefant*)

lion (*láion*)

✔ En inglés, hay muchas palabras similares al español aunque se pronuncian de otra forma

El alfabeto inglés

A	*ei*	J	*llei*	S	*es*
B	*bi*	K	*kei*	T	*ti*
C	*ci*	L	*el*	U	*iú*
D	*di*	M	*em*	V	*vi*
E	*ii*	N	*en*	W	*dobl-iú*
F	*ef*	O	*ou*	X	*ex*
G	*lli*	P	*pi*	Y	*guai*
H	*eich*	Q	*kiú*	Z	*zzzi*
I	*ai*	R	*ar*		

Mire los dibujos de las cosas que podría usted encontrar en la casa.
Desprenda las tarjetas de vocabulario relacionadas con este tema.
Siga los pasos 1 y 2 del plan de la introducción.

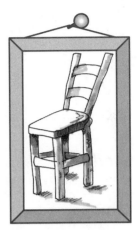

chair
cher

rug
rog

window
huíndou

table
teibl

sofa *sóufa*

computer
compiúter

shelf
shelf

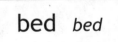

bed *bed*

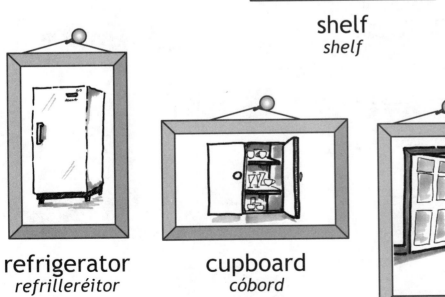

refrigerator
refrilleréitor

cupboard
cóbord

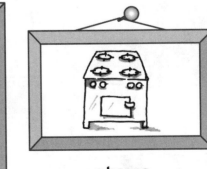

door
dor

stove
stouv

◎ **B**usque que los dibujos correspondan a las palabras, como en el ejemplo.

sofa

bed

window

table

rug

computer

shelf

chair

- -

◎ **A**hora, una las palabras en español a sus equivalentes en inglés.

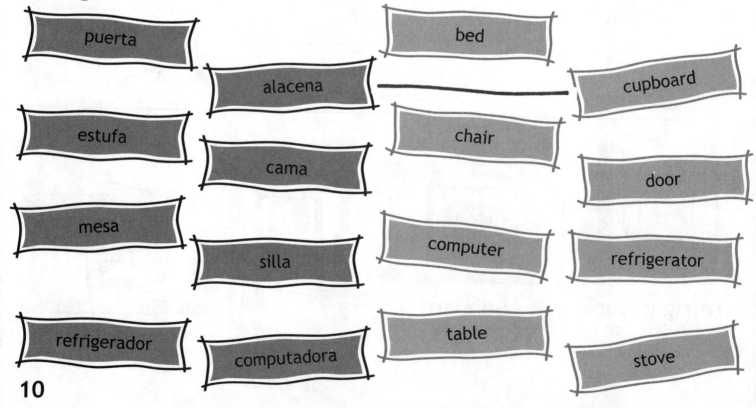

puerta

alacena

estufa

cama

mesa

silla

refrigerador

computadora

bed

cupboard

chair

door

computer

refrigerator

table

stove

⊚ **E**scriba las letras que faltan en estas palabras acerca de la casa.

_ h _ _ r   s _ f _

r _ f _ i _ _ r a _ _ _   _ _ p _ o _ _ d

w _ n _ _ w   t _ b _ e

_ t _ v _   _ _ g

_ o _ r   s _ _ l f

- -

⊚ **V**ea si puede encontrar estos objetos en el cuadro de palabras. Las palabras pueden ir de izquierda a derecha o de arriba para abajo.

B	A	R	A	P	I	S	D
I	S	U	T	A	B	L	E
C	R	G	S	R	D	T	A
H	W	I	N	D	O	W	P
A	R	A	U	E	O	P	B
I	T	C	F	A	R	E	E
R	E	P	A	D	T	T	D
A	S	T	O	V	E	E	B

Decida dónde deben ir las cosas de la casa. Después, escriba el número correcto en el dibujo como en el ejemplo.

1 table 　　2 chair 　　3 sofa 　　4 rug

5 shelf 　　6 bed 　　7 cupboard 　　8 stove

9 refrigerator 　　10 computer 　　11 window 　　12 door

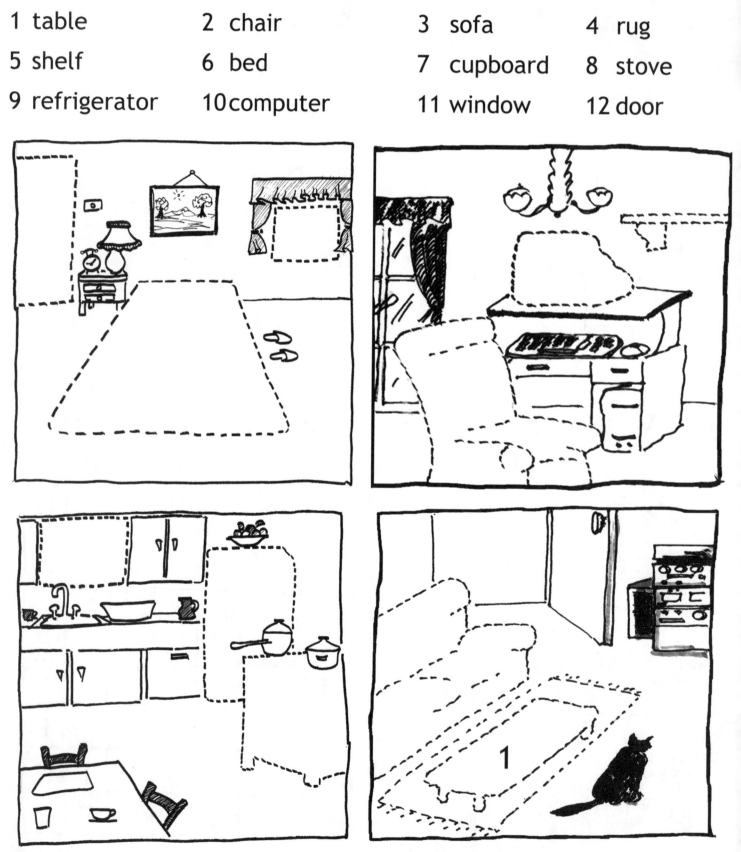

◎ **E**scoja la palabra en inglés que corresponda al dibujo y complete la palabra en español al final de la página, utilizando las letras de las respuestas.

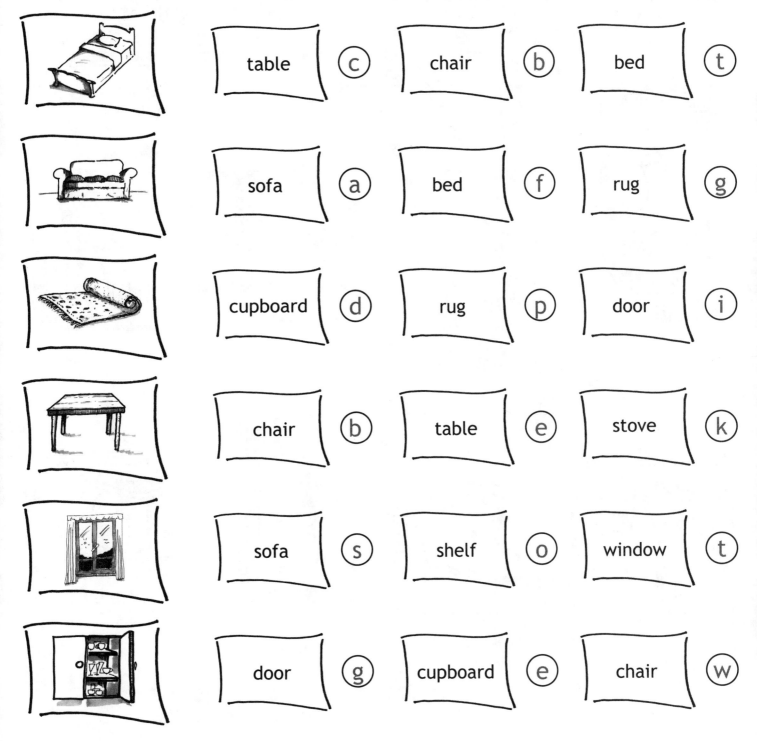

table ⓒ	chair ⓑ	bed ⓣ
sofa ⓐ	bed ⓕ	rug ⓖ
cupboard ⓓ	rug ⓟ	door ⓘ
chair ⓑ	table ⓔ	stove ⓚ
sofa ⓢ	shelf ⓞ	window ⓣ
door ⓖ	cupboard ⓔ	chair ⓦ

Palabra en español: ⓣ ◯ ◯ ◯ ◯ ◯

13

② LA ROPA

Mire los dibujos de las diferentes prendas de vestir.
Desprenda las tarjetas de vocabulario relacionadas con este tema.
Siga los pasos 1 y 2 del plan de la introducción.

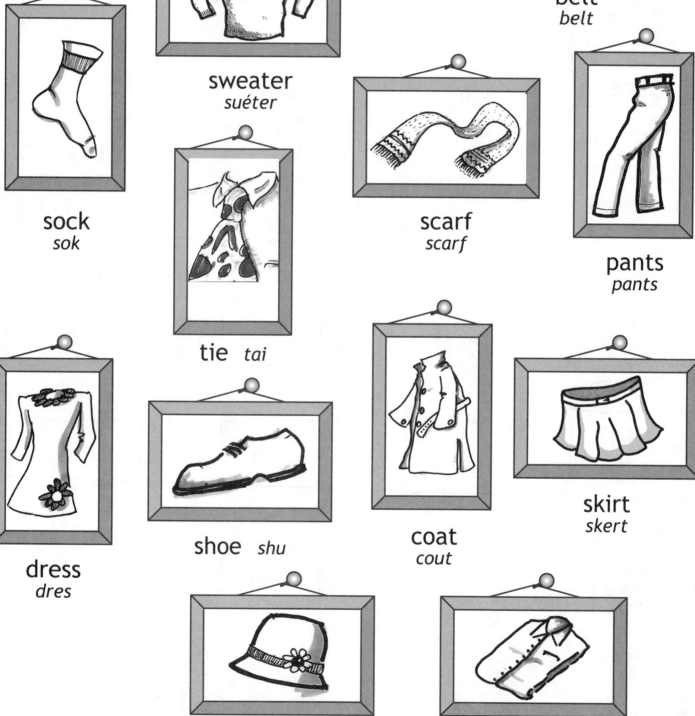

belt *belt*

sweater *suéter*

scarf *scarf*

pants *pants*

sock *sok*

tie *tai*

dress *dres*

shoe *shu*

coat *cout*

skirt *skert*

hat *jat*

shirt *shert*

14

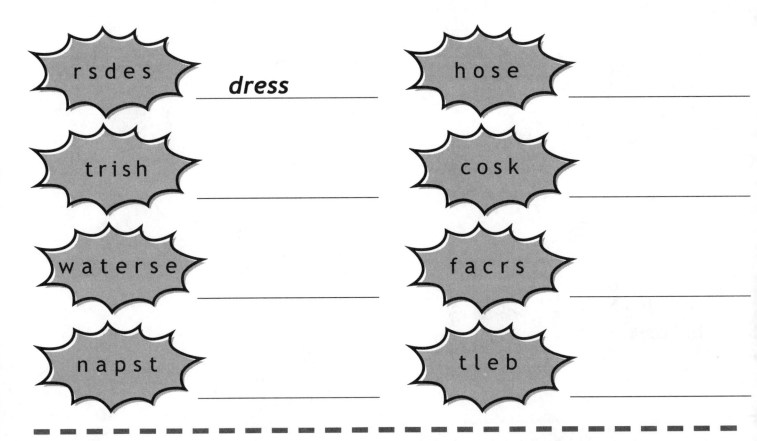

Ordene las letras para que deletreen prendas de vestir.

r s d e s   *dress* _____

t r i s h _____

w a t e r s e _____

n a p s t _____

h o s e _____

c o s k _____

f a c r s _____

t l e b _____

- -

Vea si puede encontrar estas prendas de vestir en el cuadro de palabras. Las palabras pueder ir de izquierda a derecha o de arriba para abajo.

F	A	P	S	K	I	R	T
S	C	T	B	S	K	A	B
A	O	E	D	S	T	U	S
S	A	L	R	E	B	I	H
I	T	I	E	O	E	A	I
M	F	E	S	T	K	D	R
A	E	R	S	E	N	N	T
H	S	W	E	A	T	E	R

Ahora, una las palabras en inglés y su pronunciación a la palabra en español, como en el ejemplo.

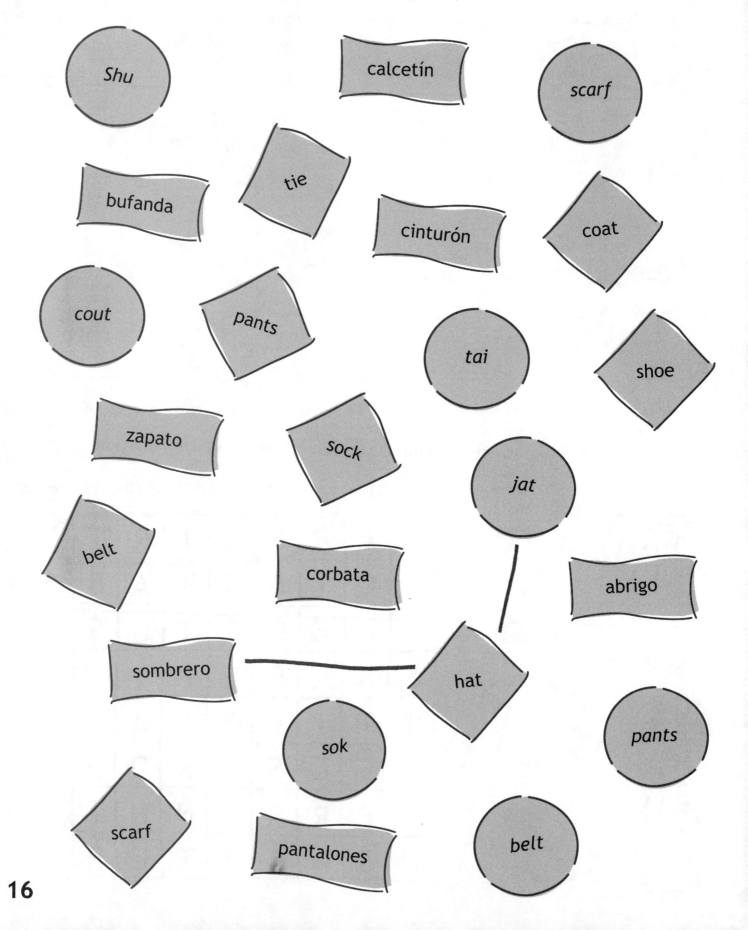

Shu

calcetín

scarf

tie

bufanda

cinturón

coat

cout

pants

tai

shoe

zapato

sock

jat

belt

corbata

abrigo

sombrero

hat

pants

sok

scarf

pantalones

belt

Carlos se va de vacaciones. Cuente cuántos artículos de cada prenda va a empacar en su maleta.

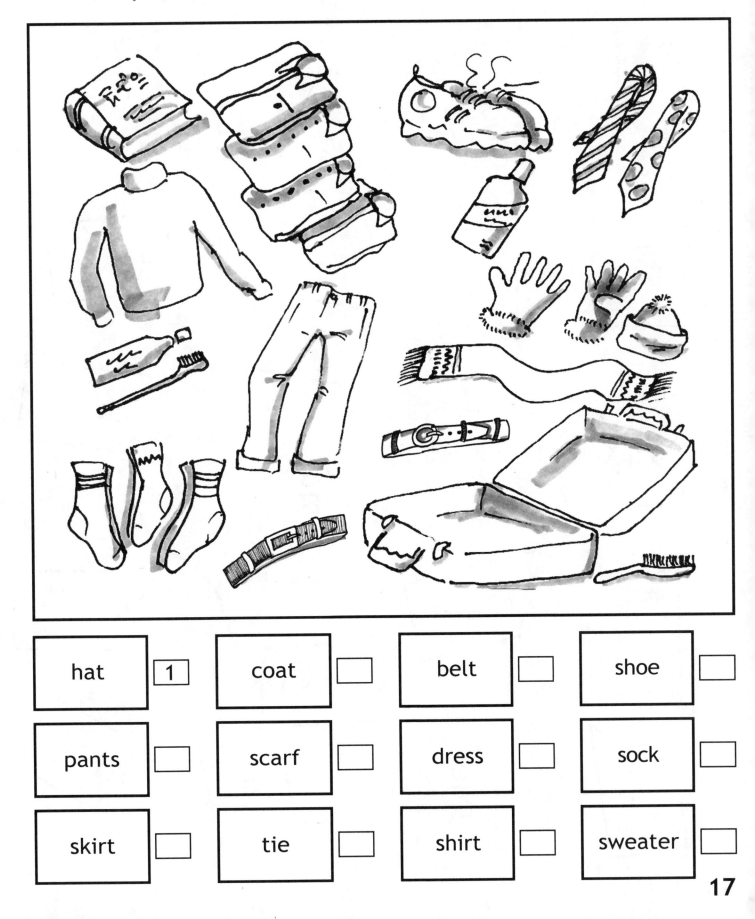

hat [1]	coat [ ]	belt [ ]	shoe [ ]
pants [ ]	scarf [ ]	dress [ ]	sock [ ]
skirt [ ]	tie [ ]	shirt [ ]	sweater [ ]

Alguien ha rasgado las palabras de las prendas de vestir. Vea si puede unir las dos mitades de las palabras, como en el ejemplo

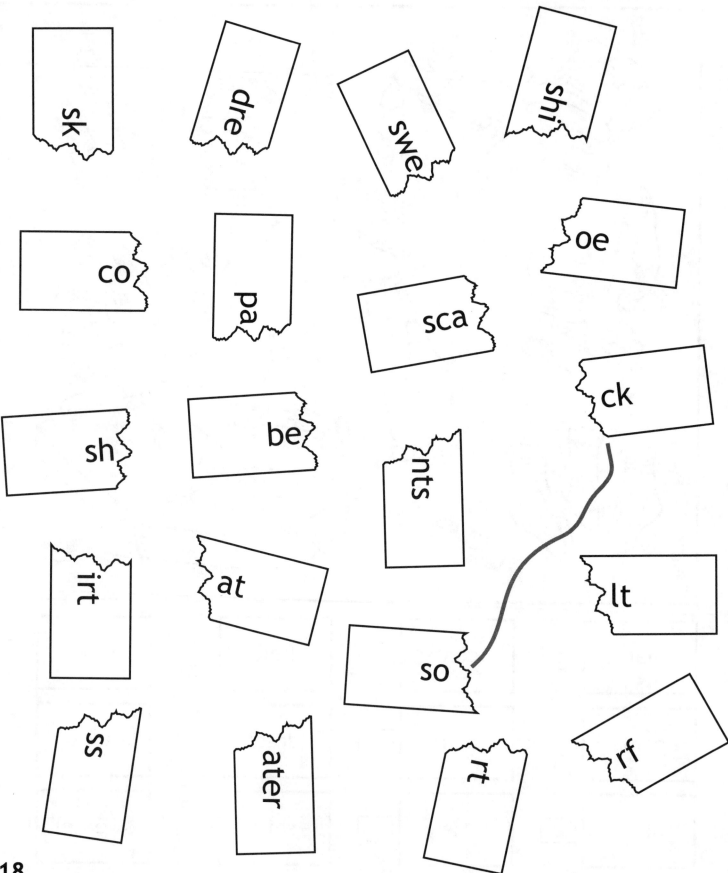

EN LA CIUDAD

Mire los dibujos de las cosas que podría usted encontrar en la ciudad.
Desprenda las tarjetas de vocabulario relacionadas con este tema.
Siga los pasos 1 y 2 del plan de la introducción.

factory *fáctori*

baker *béiker*

house *jaus*

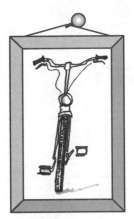

bicycle *báicicl*

car *kar*

truck *trok*

fountain *fáuntan*

bench *bench*

school *skul*

road *roud*

store *stor*

butcher *búcher*

19

◎ **U**na las palabras en español a sus equivalentes en inglés.

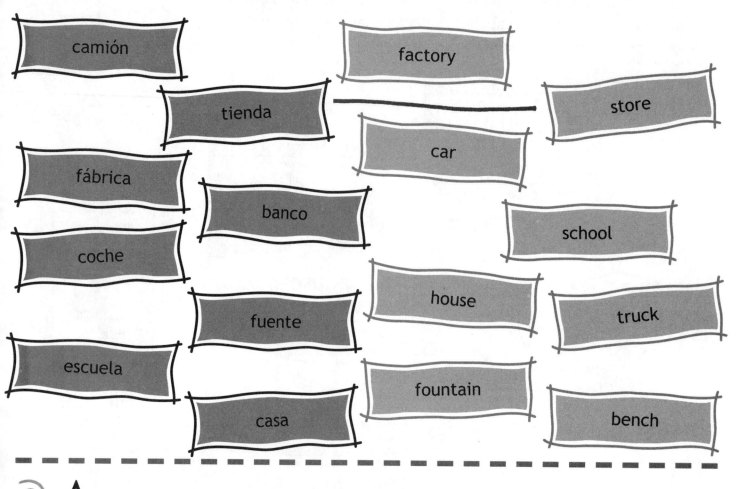

- -

◎ **A**hora, ponga las palabras en español en el mismo orden que la cadena de palabras en inglés, como en el ejemplo.

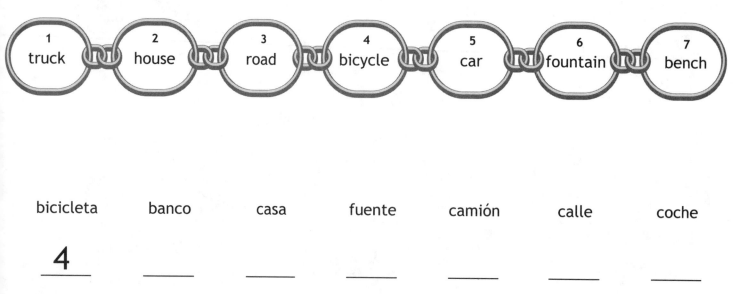

1	2	3	4	5	6	7
truck	house	road	bicycle	car	fountain	bench

bicicleta   banco   casa   fuente   camión   calle   coche

__4__   ___   ___   ___   ___   ___   ___

Escriba los nombres de los diferentes objetos en este plano de la ciudad, como en el ejemplo.

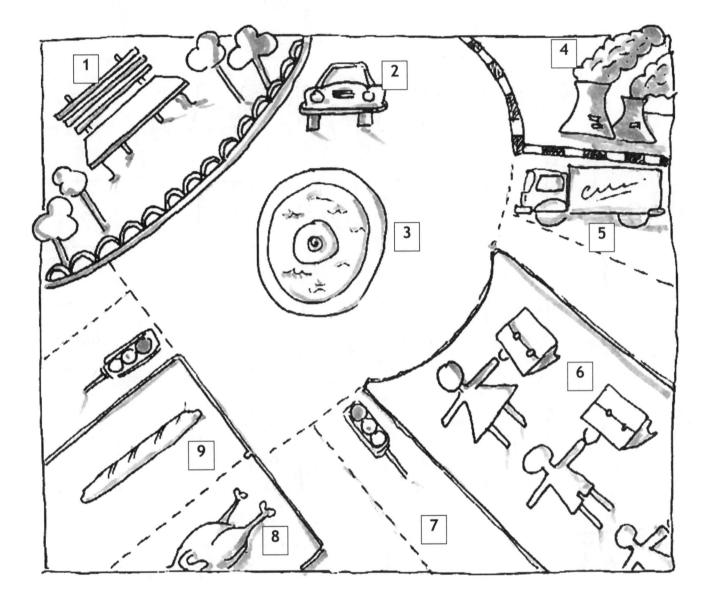

1 *bench*   **2** _____   **3** _____

4 _____   **5** _____   **6** _____

7 _____   **8** _____   **9** _____

Escoja la palabra en inglés que corresponda al dibujo y complete la palabra en español al final de la página.

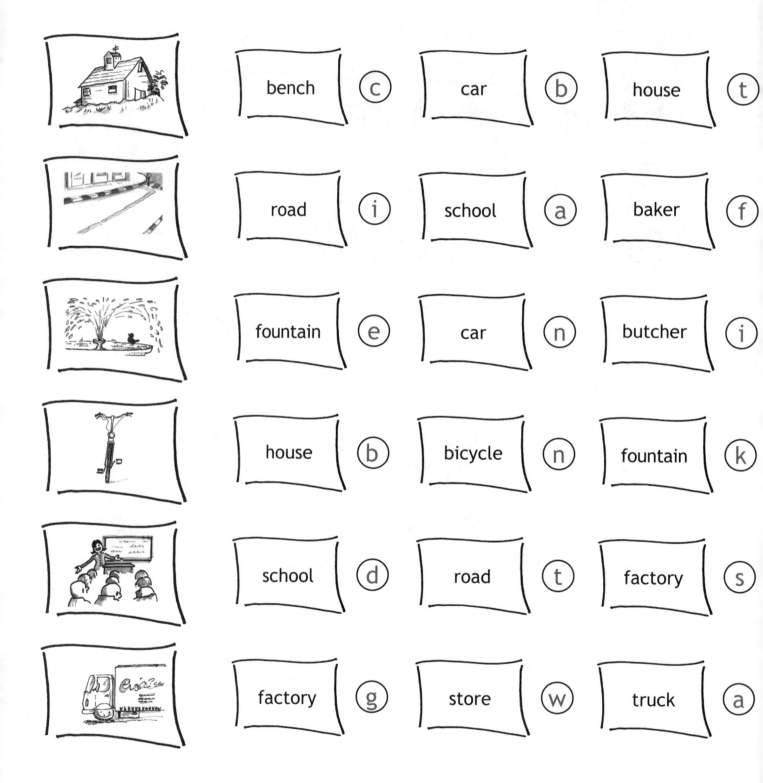

Palabra en español: t ◯ ◯ ◯ ◯ ◯

◎ **A**lguien ha rasgado las palabras relacionadas con la cuidad. Vea si puede unir las dos mitades de las palabras, como en el ejemplo.

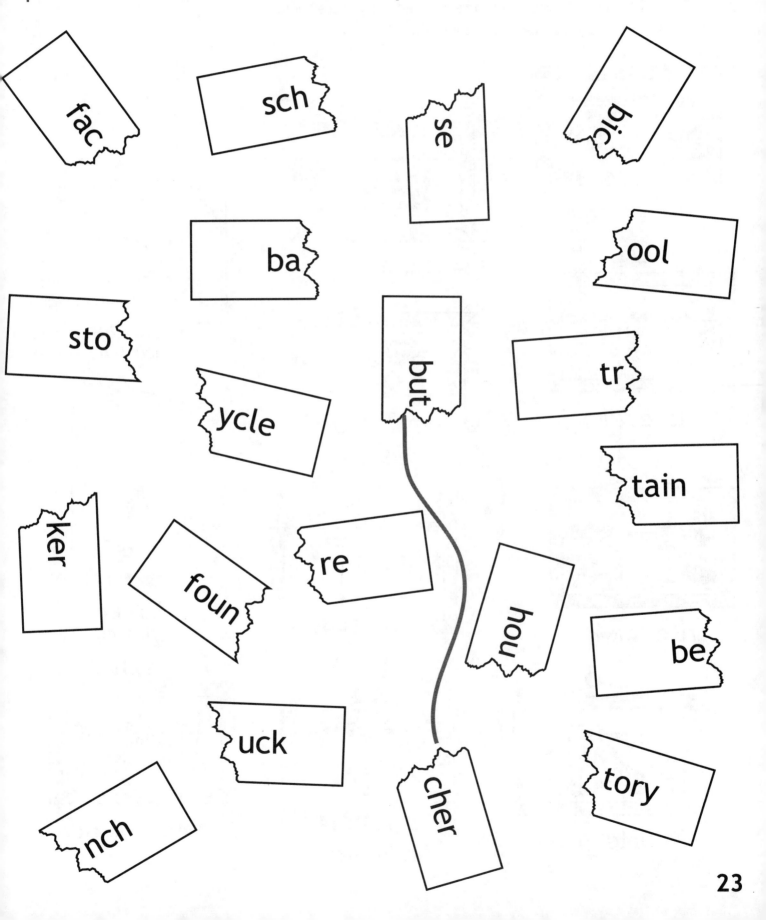

④ EL CAMPO

Mire los dibujos de las cosas que podría usted encontrar en el campo.
Desprenda las tarjetas de vocabulario relacionadas con este tema.
Siga los pasos 1 y 2 del plan de la introducción.

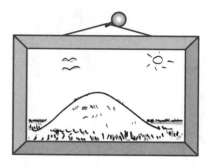

hill *jil*

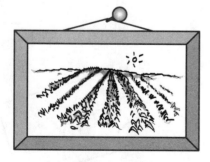

bridge *brich*

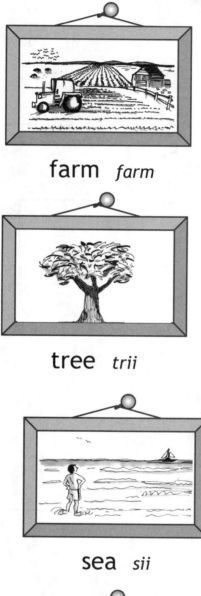

farm *farm*

mountain
máuntan

lake *léik*

tree *trii*

flower
fláuer

river *ríver*

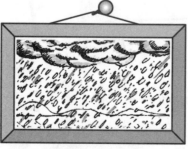

sea *sii*

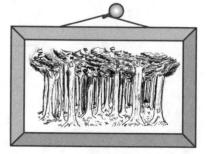

forest *fórest*

field *fiild*

rain *rein*

◎ **U**na cada palabra al dibujo que la representa.

mountain

farm

sea

forest

rain

hill

lake

bridge

river

flower

tree

field

🌀 **P**onga usted una paloma (✔) al lado de las palabras que pueda encontrar en este paisaje.

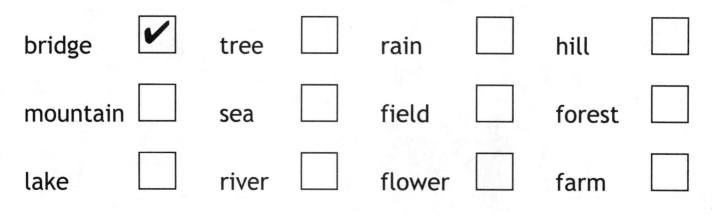

bridge	✔	tree	☐	rain	☐	hill	☐
mountain	☐	sea	☐	field	☐	forest	☐
lake	☐	river	☐	flower	☐	farm	☐

◎ **P**onga las letras en orden para descubrir palabras relacionadas con la naturaleza:

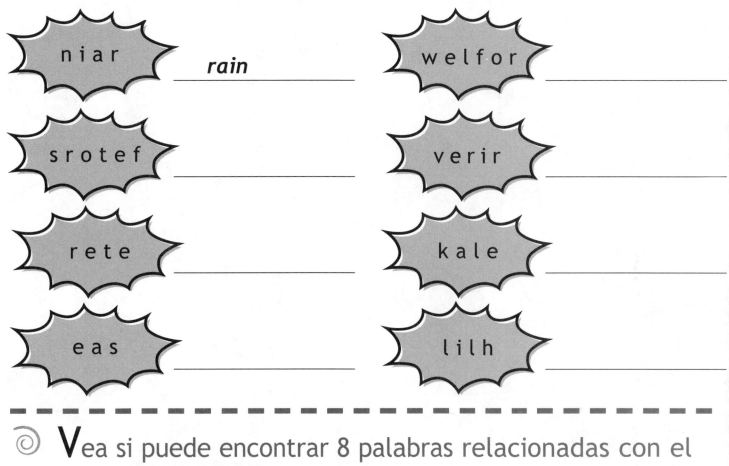

niar   _rain_

welfor   _____

srotef   _____

verir   _____

rete   _____

kale   _____

eas   _____

lilh   _____

- -

◎ **V**ea si puede encontrar 8 palabras relacionadas con el campo en el cuadro. Las palabras pueden ir de izquierda a derecha o de arriba para abajo.

M	T	L	U	H	A	P	C
O	L	A	F	I	E	L	D
U	U	K	L	L	B	N	O
N	S	E	O	L	R	T	I
T	S	U	W	I	A	R	A
A	O	M	E	M	A	T	S
I	O	N	R	A	I	N	E
N	B	R	I	D	G	E	A

Por último, compruebe que puede unir las palabras en inglés y su pronunciación a sus significados en español, como en el ejemplo.

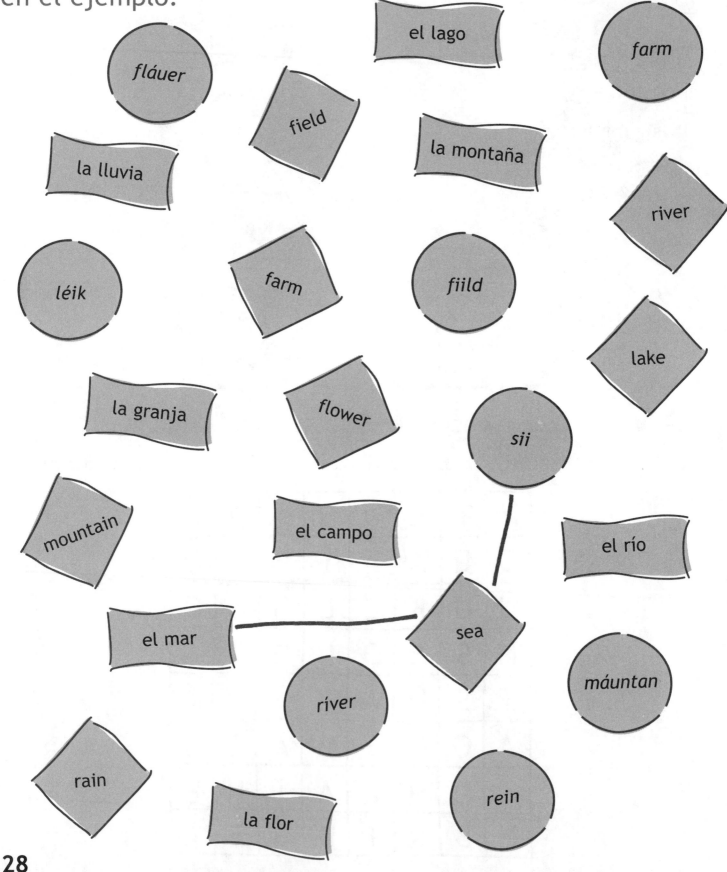

el lago

farm

fláuer

field

la montaña

la lluvia

river

léik

farm

fiild

lake

la granja

flower

sii

mountain

el campo

el río

el mar

sea

máuntan

ríver

rain

rein

la flor

Mire los dibujos.

Desprenda las tarjetas de vocabulario relacionadas con este tema.

Siga los pasos 1 y 2 del plan de la introducción.

dirty
dérti

clean
cliin

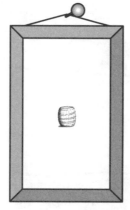

small
smol

big *big*

inexpensive
inexpénsiv

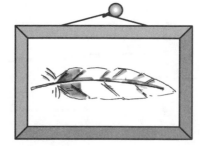

light *lait*

slow *slou*

expensive
expénsiv

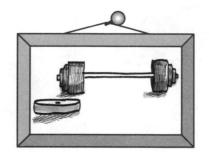

heavy *jévi*

fast *fast*

old *ould*

new *niú*

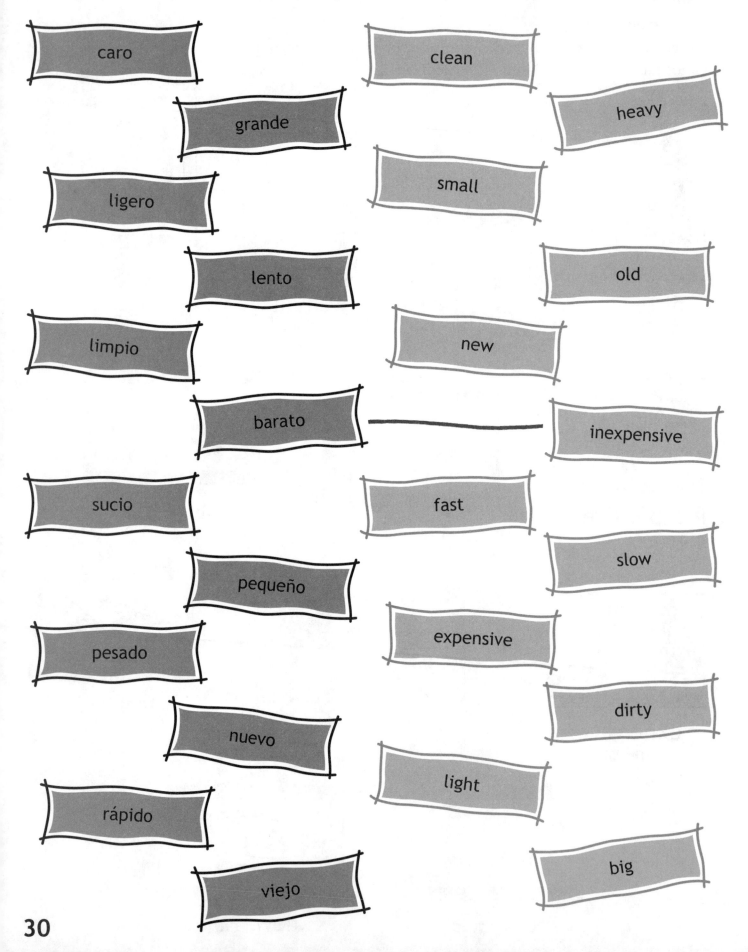

Una las palabras en español a sus equivalentes en inglés.

caro

clean

grande

heavy

ligero

small

lento

old

limpio

new

barato

inexpensive

sucio

fast

pequeño

slow

pesado

expensive

nuevo

dirty

light

rápido

big

viejo

30

© **A**hora escoja la palabra en inglés que corresponda al dibujo y complete la palabra en español al final de la página.

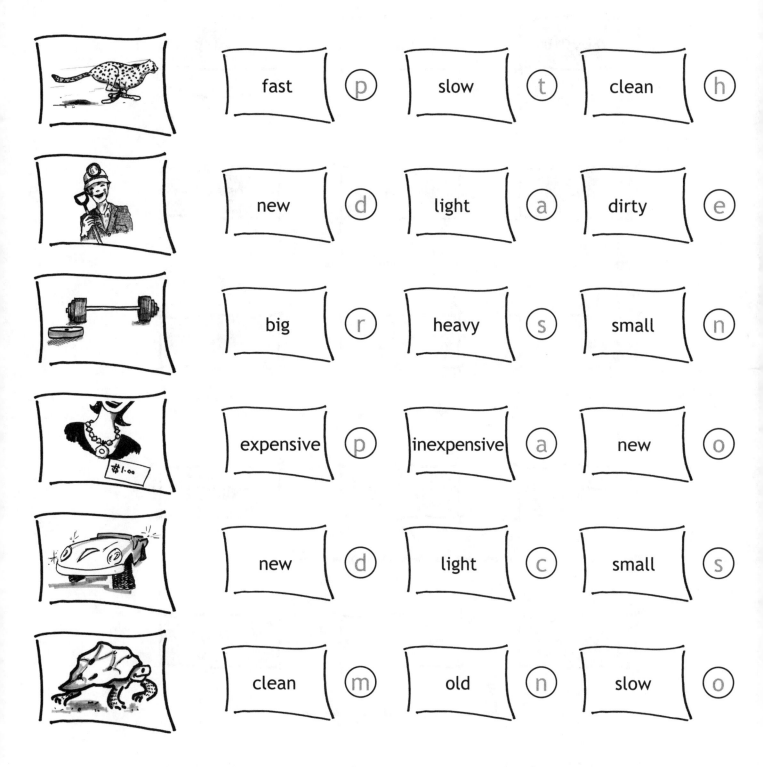

	fast (p)	slow (t)	clean (h)
	new (d)	light (a)	dirty (e)
	big (r)	heavy (s)	small (n)
	expensive (p)	inexpensive (a)	new (o)
	new (d)	light (c)	small (s)
	clean (m)	old (n)	slow (o)

Palabra en español: (p) ( ) ( ) ( ) ( ) ( )

◎ **R**odee con un círculo la palabra que no se relacione con su grupo de palabras.

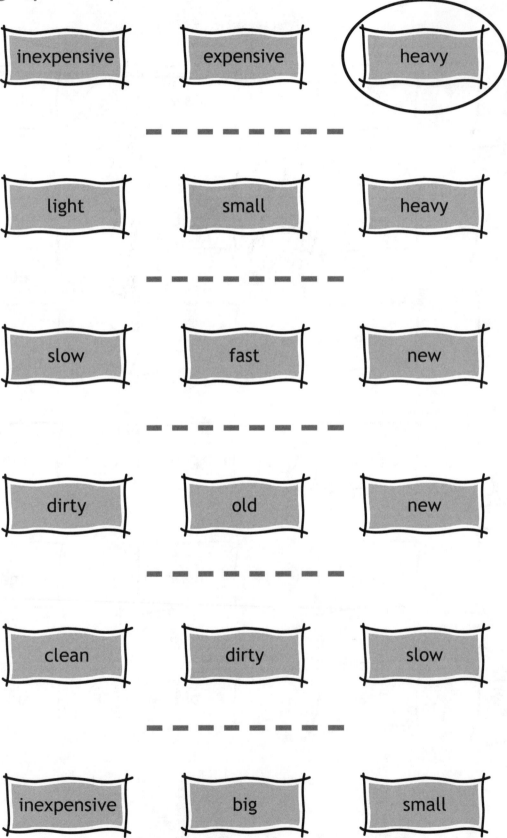

inexpensive	expensive	(heavy)
light	small	heavy
slow	fast	new
dirty	old	new
clean	dirty	slow
inexpensive	big	small

Una las palabras en español con sus *opuestos* en inglés.

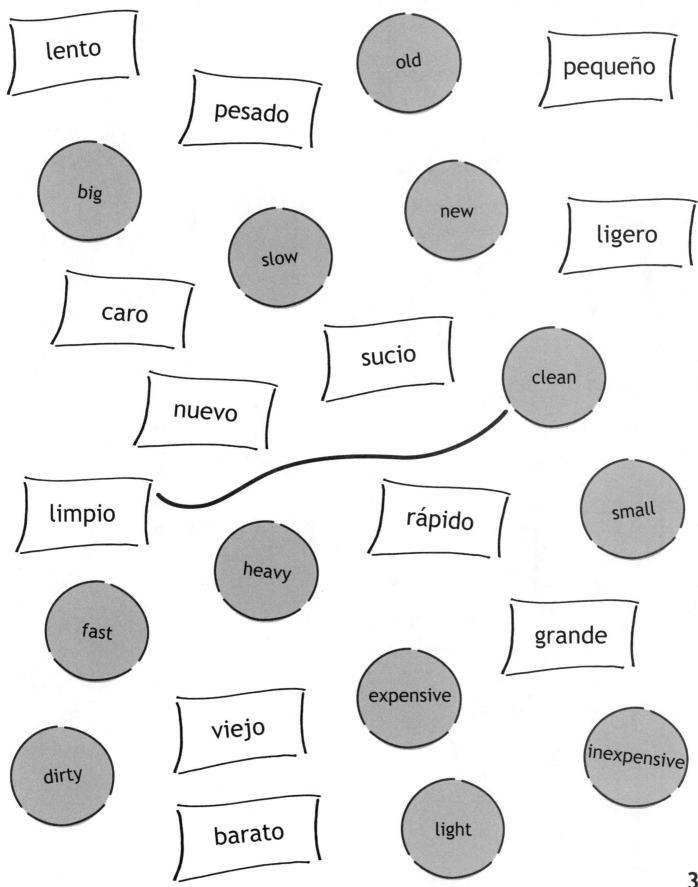

lento

old

pequeño

pesado

big

new

ligero

slow

caro

sucio

clean

nuevo

limpio

rápido

small

heavy

fast

grande

expensive

viejo

inexpensive

dirty

barato

light

33

6 LOS ANIMALES

Mire los dibujos.
Desprenda las tarjetas de vocabulario relacionadas con este tema.
Siga los pasos 1 y 2 del plan de la introducción.

duck *dok*

donkey *dónqui*

cat *cat*

dog *dog*

rabbit *rábit*

monkey *mónqui*

fish *fish*

sheep *shiip*

mouse *maus*

cow *cau*

horse *jors*

bull *bul*

◎ **U**na las palabras relacionadas con los animales a los dibujos con los que los asociamos, como en el ejemplo.

rabbit

monkey

horse

cat

sheep

mouse

dog

cow

fish

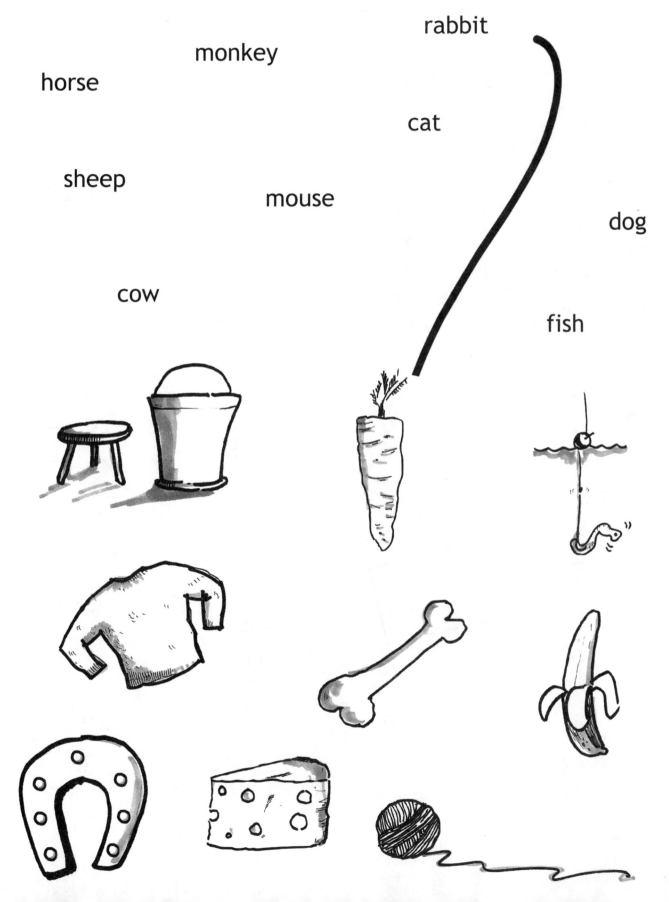

◎ **A**lguien ha rasgado las palabras de los animales en inglés. Vea si puede unir las dos mitades de las palabras, como en el ejemplo.

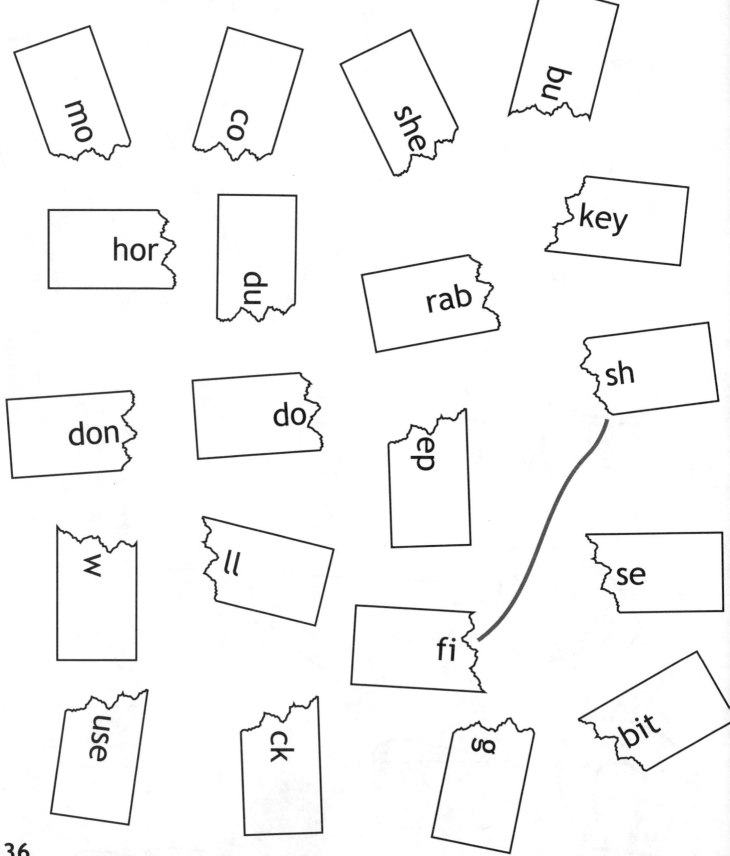

Ponga una paloma (✔) al lado del animal que encuentre usted en el siguiente grupo de palabras.

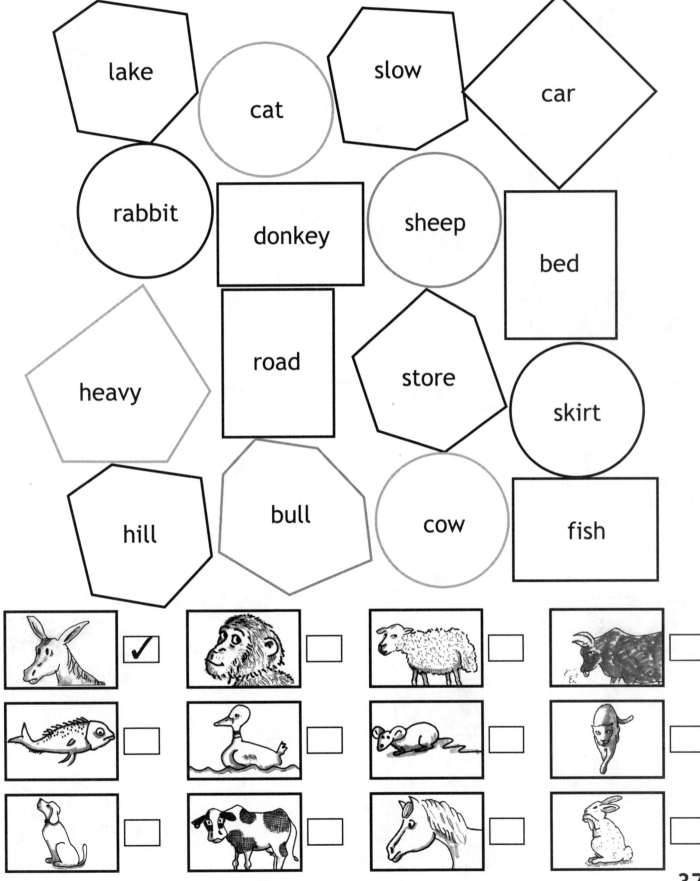

lake

cat

slow

car

rabbit

donkey

sheep

bed

heavy

road

store

skirt

hill

bull

cow

fish

Una los nombres de los animales en español a sus equivalentes en inglés.

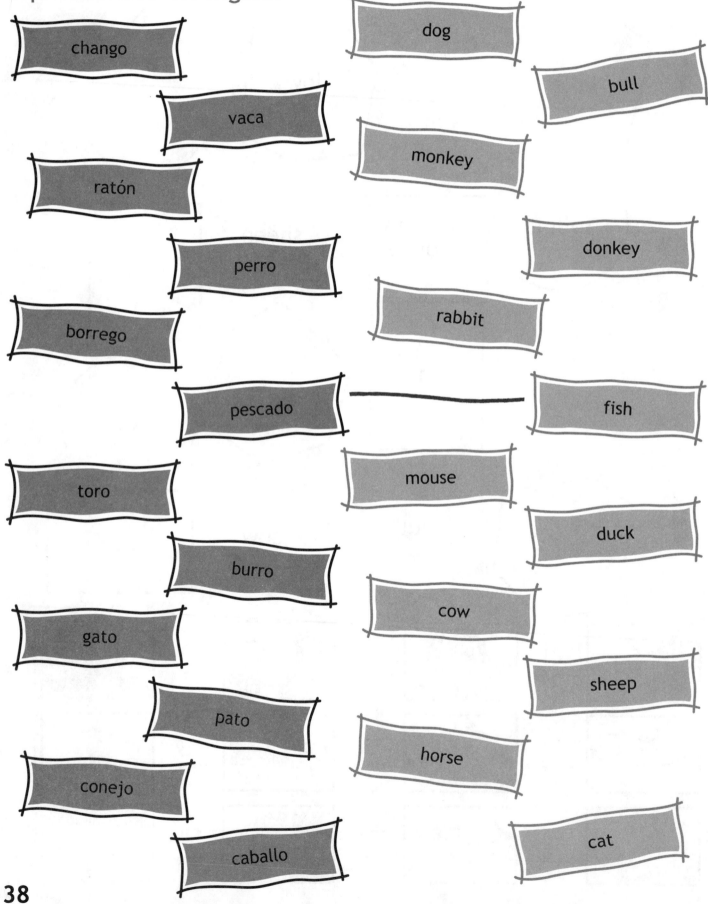

chango

dog

bull

vaca

monkey

ratón

donkey

perro

rabbit

borrego

pescado

fish

toro

mouse

duck

burro

cow

gato

sheep

pato

horse

conejo

cat

caballo

⑦ LAS PARTES DEL CUERPO

Mire los dibujos de las partes del cuerpo.
Desprenda las tarjetas de vocabulario relacionadas con este tema. Siga los pasos 1 y 2 del plan de la introducción.

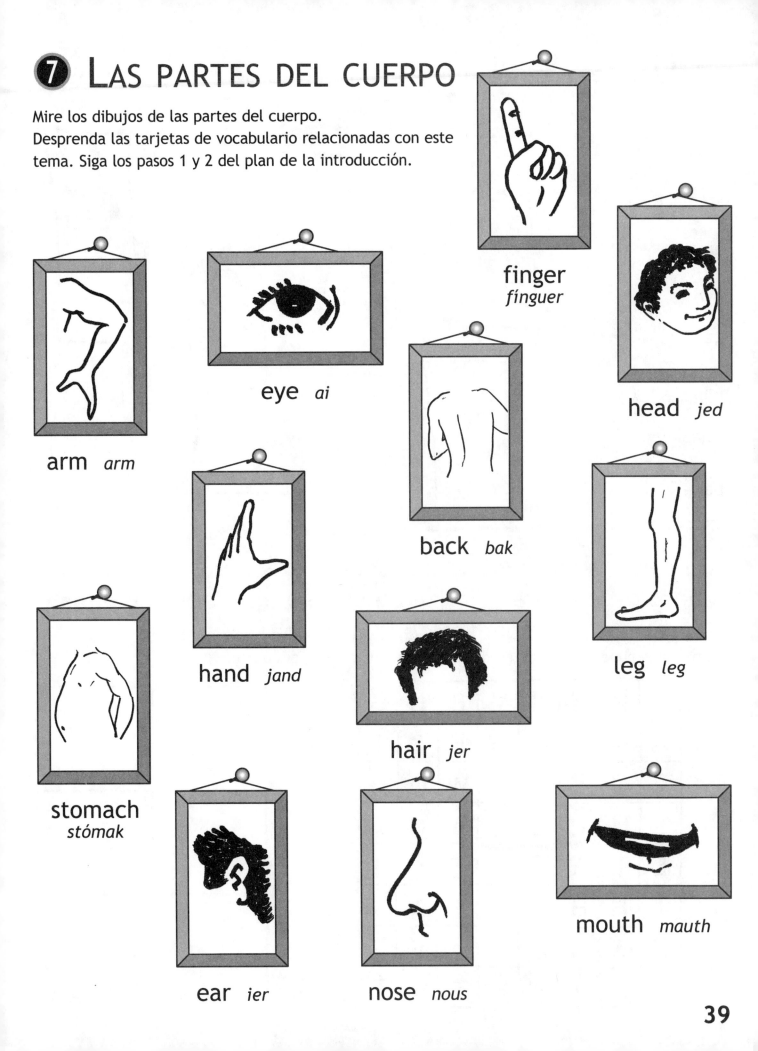

finger *fínguer*

head *jed*

eye *ai*

back *bak*

arm *arm*

hand *jand*

leg *leg*

stomach *stómak*

hair *jer*

mouth *mauth*

ear *ier*

nose *nous*

◎ **U**na los dibujos a las palabras, como en el ejemplo.

head

stomach

arm

eye

hand

hair

finger

back

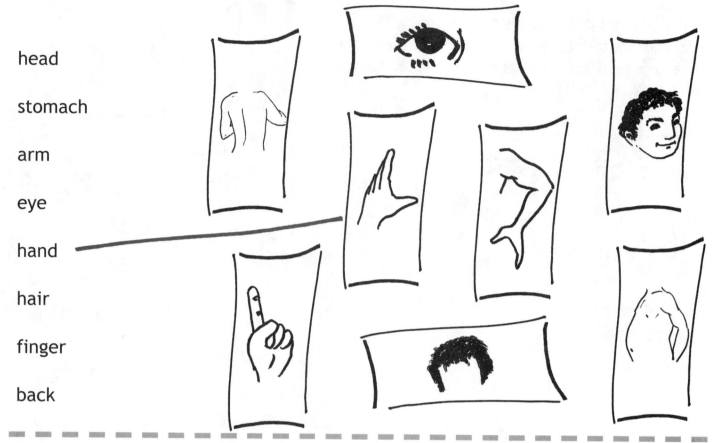

- -

◎ **V**ea si puede encontrar seis partes del cuerpo en el cuadro de palabras. Ponga un círculo alrededor de ellas y dibújelas en los cuadros de la derecha.

Las palabras pueden ir de izquierda a derecha o de arriba para abajo.

S	N	H	N	V	B	U	G
A	M	I	O	N	E	B	I
C	O	L	S	S	W	O	H
S	U	L	E	G	A	U	A
E	T	A	U	I	L	C	I
T	H	H	A	R	E	A	R
H	A	N	D	A	L	E	E
L	E	V	P	R	T	A	T

Escriba las palabras en la columna correcta, como en los ejemplos.

tenemos uno	tenemos más de uno
nose	*finger*

nose

head

ear

mouth

finger

leg

back

arm

hand

stomach

hair

eye

Escriba los números correctos señalando las diferentes partes del cuerpo.

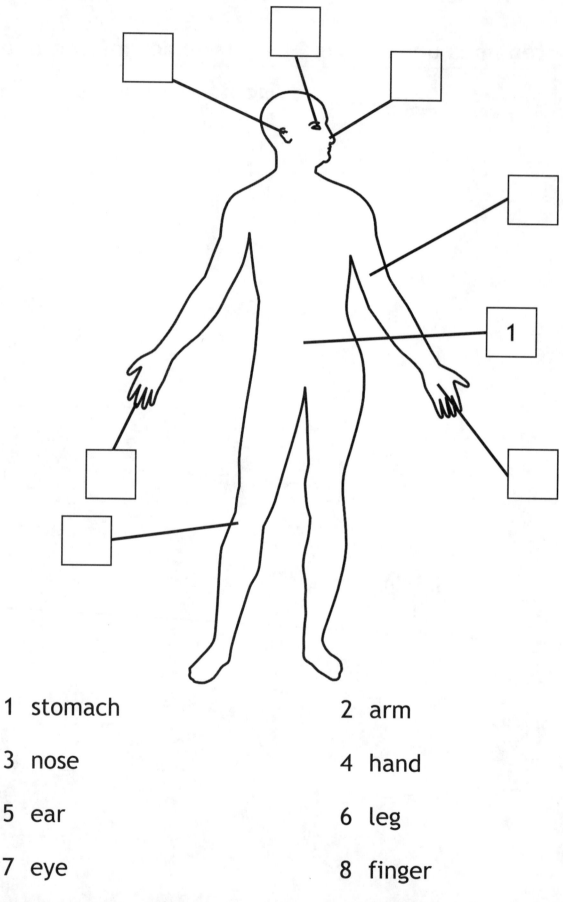

1 stomach	2 arm
3 nose	4 hand
5 ear	6 leg
7 eye	8 finger

Por último, una las palabras en inglés y su pronunciación a sus significados en español, como en el ejemplo.

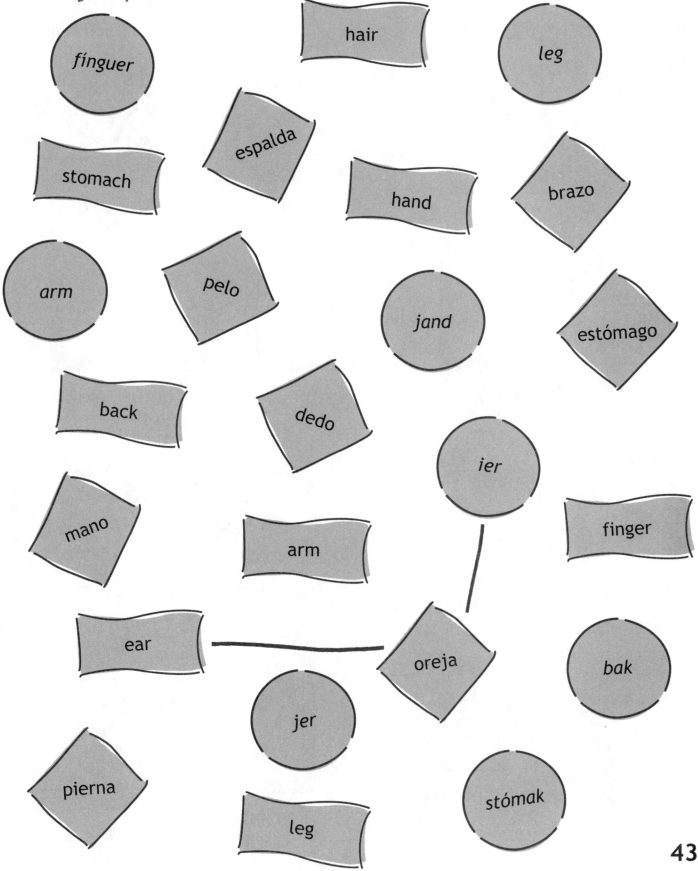

fínguer

hair

leg

espalda

stomach

hand

brazo

arm

pelo

jand

estómago

back

dedo

ier

mano

arm

finger

ear

oreja

bak

jer

pierna

leg

stómak

⑧ EXPRESIONES ÚTILES

Mire los dibujos.
Desprenda las tarjetas de vocabulario relacionadas con este tema.
Siga los pasos 1 y 2 del plan de la introducción.

where? *huer*

no *no*

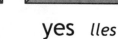

yes *lles*

hello *jálou*

goodbye *gudbái*

yesterday *iésterdei*

today *tudéi*

tomorrow *tumórou*

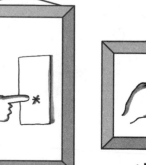

here *jíer*

there *ther*

now *nau*

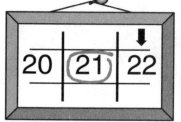

how much? *jau moch*

sorry *sóri*

please *pliiz*

great! *greit*

thank you *thank iú*

44

◎ **U**na las palabras en español a sus equivalentes en inglés.

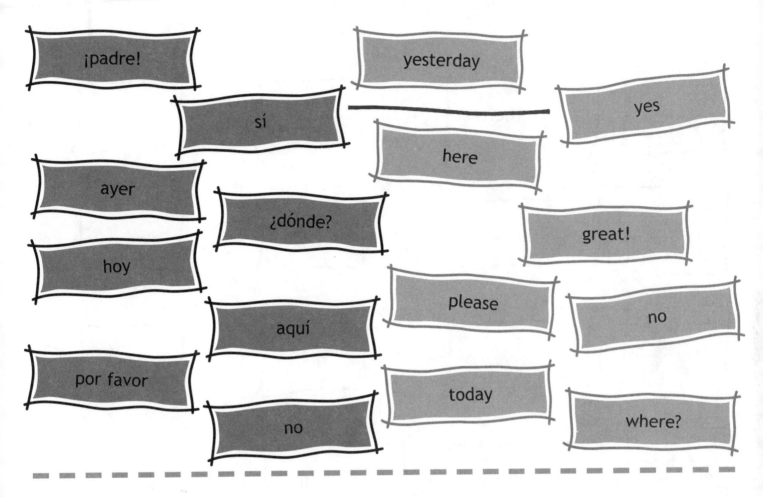

◎ **E**scriba las letras que faltan para completar estas expresiones.

h _ w _ u _ _ ?

_ h a _ _ y _ u

s _ r _ _

_ e _ l _

t _ m _ r _ _ w

t o _ _ y

_ o _ _ b _ e

g _ e _ t !

t _ e _ _

_ _ w

Escoja la palabra en inglés que corresponda al dibujo y complete la palabra en español al final de la página.

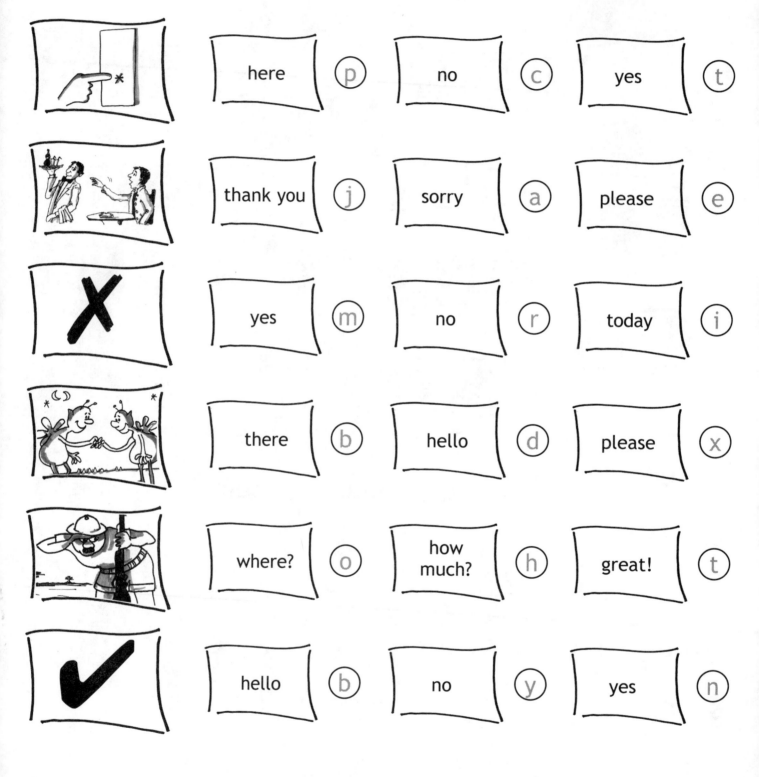

here	(p)	no	(c)	yes	(t)
thank you	(j)	sorry	(a)	please	(e)
yes	(m)	no	(r)	today	(i)
there	(b)	hello	(d)	please	(x)
where?	(o)	how much?	(h)	great!	(t)
hello	(b)	no	(y)	yes	(n)

Palabra en español: (p) ◯ ◯ ◯ ◯ ◯

¿Qué están diciendo estas personas? Escriba el número correcto en las respectivas burbujas, como en el ejemplo.

1 hello   2 please   3 yes   4 no

5 here   6 sorry   7 where?   8 how much?

Por último, una las palabras en inglés y su pronunciación a sus significados en español, como en el ejemplo.

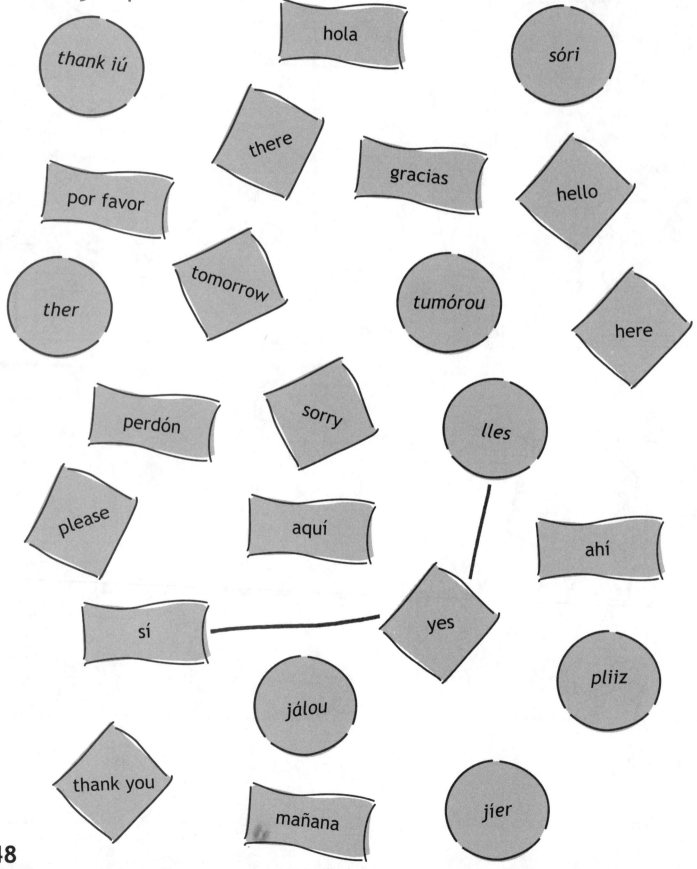

thank iú

hola

sóri

there

gracias

hello

por favor

tomorrow

ther

tumórou

here

perdón

sorry

lles

please

aquí

ahí

sí

yes

pliiz

jálou

thank you

mañana

jier

RESUMEN

Esta sección está diseñada para repasar las 100 palabras que usted ha visto en los diferentes temas. Es buena idea checarse usted mismo con las tarjetas de vocabulario antes de empezar esta sección.

Los siguientes 10 objetos están todos en el dibujo. ¿Puede encontrarlos y hacer un círculo alrededor de ellos?

door	flower	bed	coat	hat
bicycle	chair	dog	fish	sock

Una cada palabra al dibujo que la representa.

today

baker

fast

nose

rain

yes

cupboard

bull

dress

inexpensive

river

leg

◎ **R**odee con un círculo la palabra que no se relacione con el resto del grupo de palabras y diga por qué.

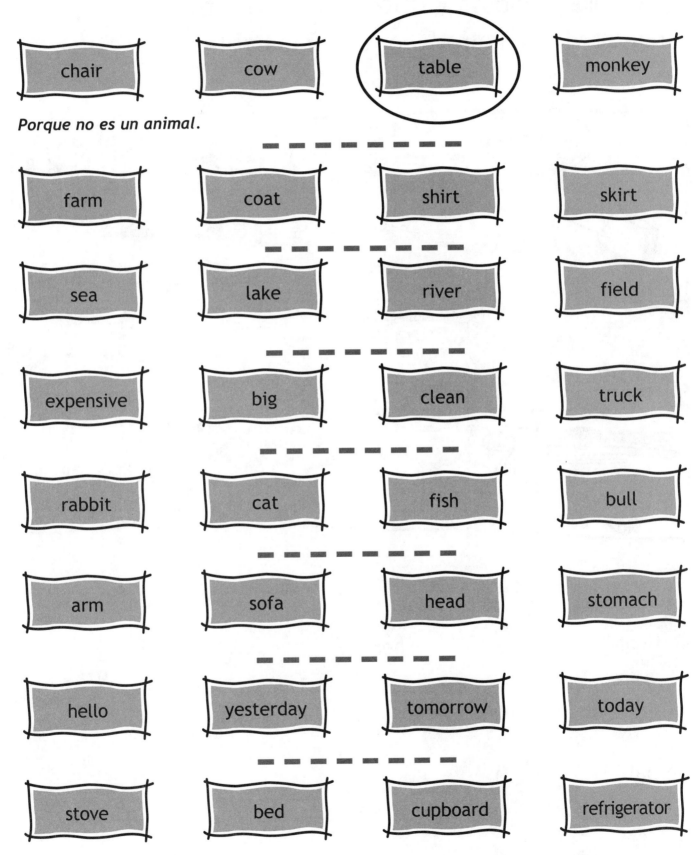

| chair | cow | (table) | monkey |

Porque no es un animal.

| farm | coat | shirt | skirt |

| sea | lake | river | field |

| expensive | big | clean | truck |

| rabbit | cat | fish | bull |

| arm | sofa | head | stomach |

| hello | yesterday | tomorrow | today |

| stove | bed | cupboard | refrigerator |

Observe los siguientes objetos por 30 segundos.

Cubra el dibujo y trate de recordar todos los objetos. Ponga un círculo alrededor de las palabras que recuerde.

flower   shoe   thank you   door

car   no   here   coat
                                                  truck

belt   mountain
                              chair   horse

hat   fish

                   tie   eye   bed

scarf   bench   rug   monkey

© **A**hora, una las palabras en inglés y su pronunciación a sus significados en español.

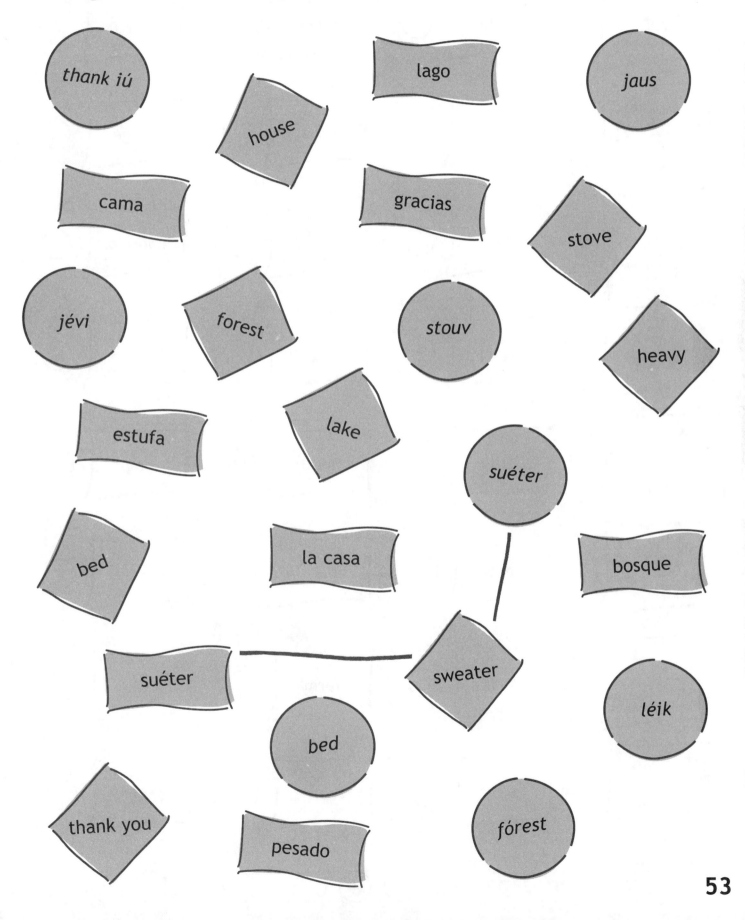

thank iú

lago

jaus

house

cama

gracias

stove

jévi

forest

stouv

heavy

estufa

lake

suéter

bed

la casa

bosque

suéter

sweater

léik

thank you

bed

fórest

pesado

◎ **C**omplete la frase en español al final de la página.

sofa (p)	bench (g)	ear (t)
coat (s)	lake (a)	bridge (o)
where? (m)	how much? (r)	tomorrow (i)
cow (b)	window (f)	butcher (h)
house (e)	mouth (b)	dog (a)
eye (v)	ear (p)	mouse (n)
hill (o)	farm (y)	coat (r)
rabbit (n)	road (r)	chair (s)

Frase en español: (p) ○ ○   ○ ○ ○ ○ ○

Vea los dos dibujos y ponga una paloma (✔) junto a los objetos que son diferentes en el dibujo B.

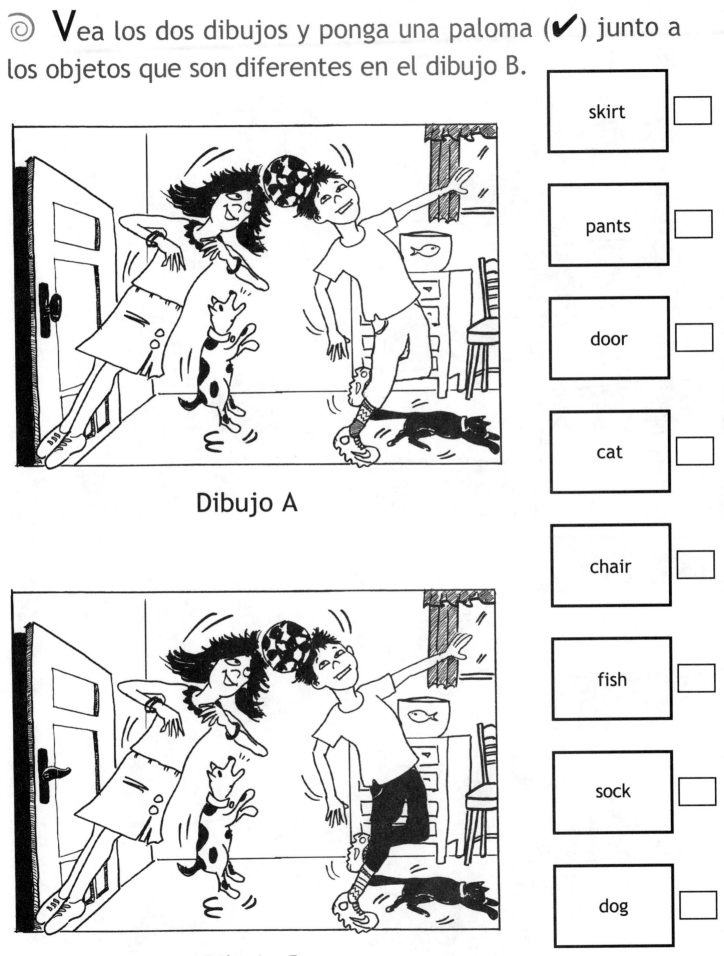

Dibujo A

Dibujo B

skirt	
pants	
door	
cat	
chair	
fish	
sock	
dog	

Ahora una las palabras en español a sus equivalentes en inglés.

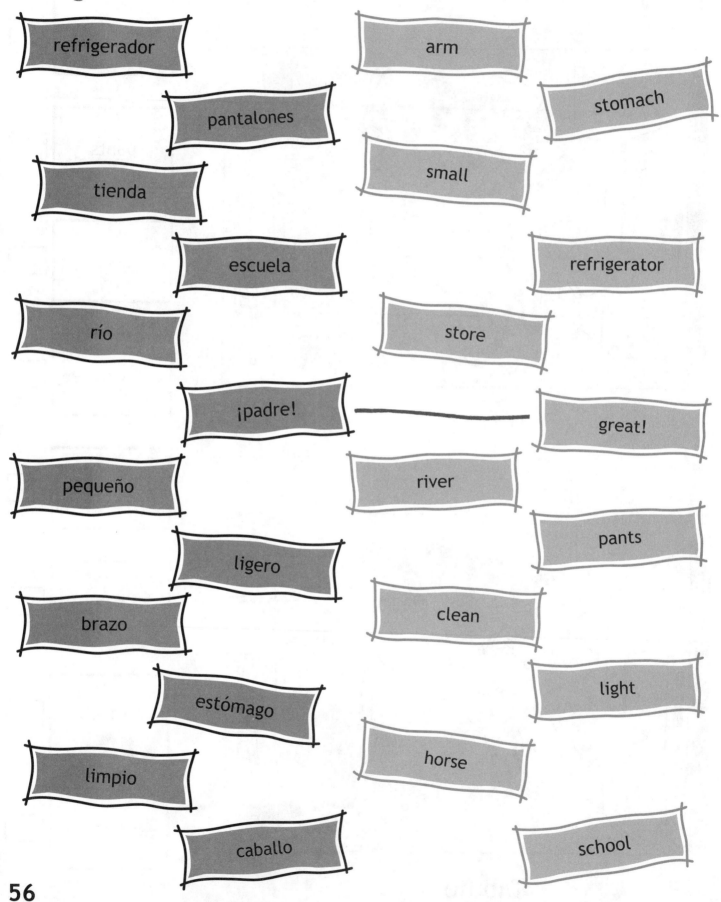

refrigerador

pantalones

tienda

escuela

río

¡padre!

pequeño

ligero

brazo

estómago

limpio

caballo

arm

stomach

small

refrigerator

store

great!

river

pants

clean

light

horse

school

◎ **C**omplete el crucigrama usando los dibujos como claves.

1.

2.

3.

4.

5.

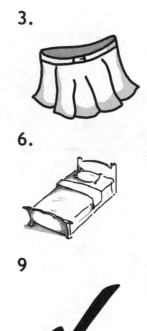

6.

7.

8.

9.

El juego de la culebra

● Necesitará un dado y algunas fichas. Puede retarse usted o jugar con alguien más.

● Para llegar a la meta tiene que tirar el número exacto. Tire el dado y avance ese número de espacios. Cuando caiga en una palabra pronúnciela y diga lo que quiere decir en español. Si no puede, tiene que regresar al cuadro de donde salió.

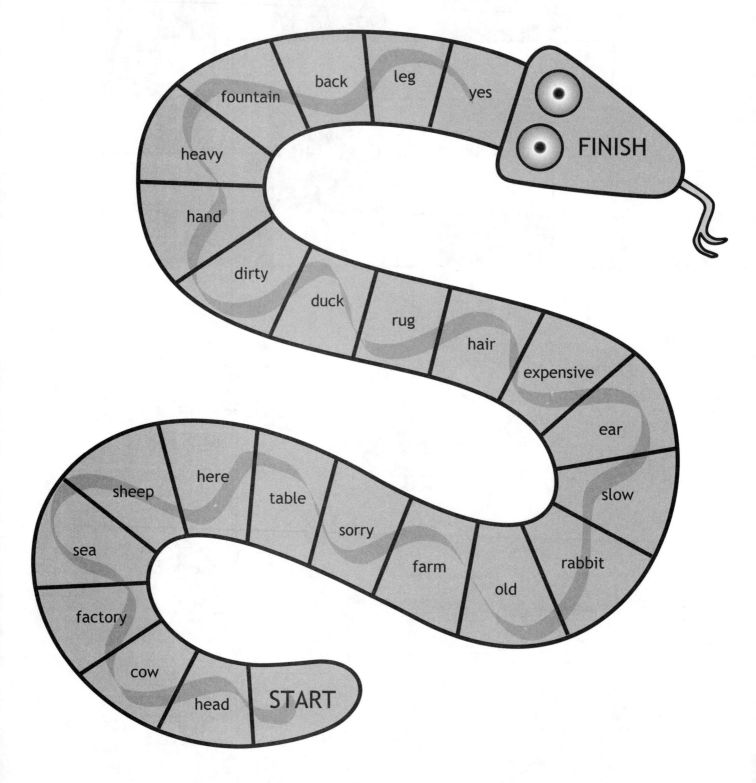

⊚ Respuestas

❶ En la casa

Página 10 (arriba)
Vea la página 9 para el dibujo correcto.

Página 10 (abajo)

puerta	door
alacena	cupboard
estufa	stove
cama	bed
mesa	table
silla	chair
refrigerador	refrigerator
computadora	computer

Página 11 (arriba)

chair	sofa
refrigerator	cupboard
window	table
stove	rug
door	shelf

Página 11 (abajo)

Página 12

Página 13
Palabra en español: tapete

❷ La ropa

Página 15 (arriba)

dress	shoe
shirt	sock
sweater	scarf
pants	belt

Página 15 (abajo)

Página 16

sombrero	hat	*jat*
zapato	shoe	*shu*
calcetín	sock	*sok*
bufanda	scarf	*scarf*
corbata	tie	*tai*
cinturón	belt	*belt*
abrigo	coat	*cout*
pantalones	pants	*pants*

Página 17

hat (sombrero)	1
coat (abrigo)	0
belt (cinturón)	2
shoe (zapato)	2 (un par)
pants (pantalones)	1
scarf (bufanda)	1
dress (vestido)	0
sock (calcetín)	6 (3 pares)
skirt (falda)	0
tie (corbata)	2
shirt (camisa)	4
sweater (suéter)	1

Página 18

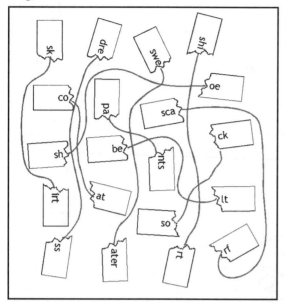

❸ EN LA CIUDAD

Página 20 (arriba)

camión	truck
tienda	store
fábrica	factory
banco	bench
coche	car
fuente	fountain
escuela	school
casa	house

Página 20 (abajo)

bicicleta	4
banco	7
casa	2
fuente	6
camión	1
calle	3
coche	5

Página 21

1 bench
2 car
3 fountain
4 factory
5 truck
6 school
7 road
8 butcher
9 baker

60

Página 22
Palabra en español: tienda

Página 23

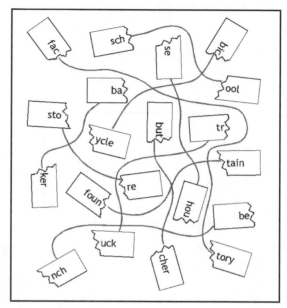

❹ EL CAMPO

Página 25
Vea la página 24 para el dibujo correcto.

Página 26

bridge	✔	field	✔
tree	✔	forest	✔
rain		lake	
hill		river	✔
mountain	✔	flower	✔
sea		farm	✔

Página 27 (arriba)

rain	flower
forest	river
tree	lake
sea	hill

Página 27 (abajo)

Página 28

mar	sea	*sii*
lago	lake	*léik*
lluvia	rain	*rein*
granja	farm	*farm*
flor	flower	*fláuer*
montaña	mountain	*máuntan*
río	river	*ríver*
campo	field	*fiild*

❺ PALABRAS OPUESTOS

Página 30

caro	expensive
grande	big
ligero	light
lento	slow
limpio	clean
barato	inexpensive
sucio	dirty
pequeño	small
pesado	heavy
nuevo	new
rápido	fast
viejo	old

Página 31

Palabra en español: pesado

Página 32

Las palabras que no se relacionan son las que no son opuestas.

heavy
small
new
dirty
slow
inexpensive

Página 33

nuevo	old
pequeño	big
viejo	new
rápido	slow
limpio	dirty

grande	small
ligero	heavy
sucio	clean
pesado	light
barato	expensive
caro	inexpensive
lento	fast

❻ LOS ANIMALES

Página 35

cow   rabbit   fish

sheep   dog   monkey

horse   mouse   cat

Página 36

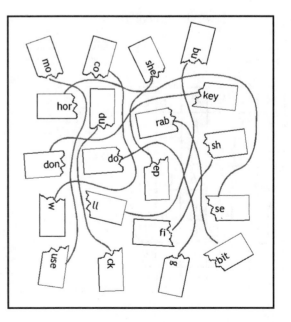

Página 37

burro	✔	ratón	
chango		gato	✔
borrego	✔	perro	
toro	✔	vaca	✔
pescado	✔	caballo	
pato		conejo	✔

Página 38

chango	monkey
vaca	cow
ratón	mouse
perro	dog
borrego	sheep
pescado	fish
toro	bull
burro	donkey
gato	cat
pato	duck
conejo	rabbit
caballo	horse

❼ LAS PARTES DEL CUERPO

Página 40 (arriba)

Vea la página 39 para el dibujo correcto.

Página 40 (abajo)

S	N	H	N	V	B	U	G
A	M	I	O	N	E	B	I
C	O	L	S	S	W	O	H
S	U	L	E	G	A	U	A
E	T	A	U	I	L	C	I
T	H	H	A	R	E	A	R
H	A	N	D	A	L	E	E
L	E	V	P	R	T	A	T

Debe haber usted dibujado también: una pierna,
una boca, una oreja, una nariz, una mano y pelo.

Página 41

tenemos uno	tenemos más de uno
nose	*finger*
head	*hair*
mouth	*eye*
stomach	*hand*
back	*arm*
	leg
	ear

Página 42

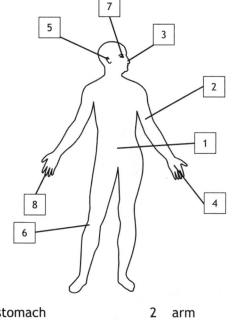

1	stomach	2	arm
3	nose	4	hand
5	ear	6	leg
7	eye	8	finger

Página 43

oreja	ear	ier
pelo	hair	jer
mano	hand	jand
estómago	stomach	stómak
brazo	arm	arm
espalda	back	bak
dedo	finger	fínguer
pierna	leg	leg

⑧ EXPRESIONES ÚTILES

Página 45 (arriba)

¡padre!	great!
sí	yes
ayer	yesterday
¿dónde?	where?
hoy	today
aquí	here
por favor	please
no	no

Página 45 (abajo)

how much?	today
thank you	goodbye
sorry	great!
hello	there
tomorrow	now

Página 46

Palabra en español: perdón

Página 47

Página 48

sí	yes	*lles*
hola	hello	*jálou*
aquí	here	*jíer*
perdón	sorry	*sóri*
por favor	please	*pliiz*
ahí	there	*ther*
gracias	thank you	*thank iú*
mañana	tomorrow	*tumórou*

● RESUMEN

Página 49

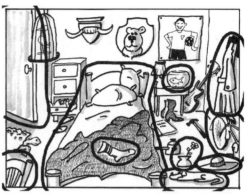

Página 50

= rain

= bull

= yes

= cupboard

= inexpensive

= today

= river

= nose

= dress

= leg

= fast

= baker

Página 51

Porque no es un animal.

Porque no es una prenda de vestir.

Porque no se asocia con el agua.

Porque no es un adjetivo.

Porque vive en el agua y no tiene piernas.

Porque no es una parte del cuerpo.

Porque no es una expresión de tiempo.

Porque no se encontraría en la cocina.

Página 52

Palabras que aparecen en el dibujo:

tie

car

flower

shoe

hat

truck

monkey

rug

chair

belt

scarf

Página 53

suéter	sweater	*suéter*
lago	lake	*léik*
gracias	thank you	*thank iú*
cama	bed	*bed*
casa	house	*jaus*
bosque	forest	*fláuer*
estufa	stove	*stouv*
pesado	heavy	*jévi*

Página 54

Frase en español: por favor

Página 55

skirt	✘
pants	✔ (color)
door	✔ (picaporte)
cat	✘
chair	✔ (respaldo)
fish	✔ (dirección)
sock	✔ (dibujo)
dog	✘

Página 56

refrigerador	refrigerator
pantalones	pants
tienda	store
escuela	school
río	river
¡padre!	great!
pequeño	small
ligero	light
brazo	arm
estómago	stomach
limpio	clean
caballo	horse

Página 57

Página 58

Aquí están los equivalentes de las palabras en español, en orden, de la SALIDA a la META:

cabeza	head	oreja	ear
vaca	cow	caro	expensive
fábrica	factory	pelo	hair
mar	sea	tapete	rug
borrego	sheep	pato	duck
aquí	here	sucio	dirty
mesa	table	mano	hand
perdón	sorry	pesado	heavy
granja	farm	fuente	fountain
viejo	old	espalda	back
conejo	rabbit	pierna	leg
lento	slow	sí	yes

computer	window
table	cupboard
refrigerator	chair
sofa	stove
door	bed
shelf	rug

ventana	computadora
alacena	mesa
silla	refrigerador
estufa	sofá
cama	puerta
tapete	estante

belt	coat
skirt	hat
tie	shoe
sweater	shirt
scarf	sock
pants	dress

abrigo	cinturón
sombrero	falda
zapato	corbata
camisa	suéter
calcetín	bufanda
vestido	pantalones

school	car
road	truck
factory	store
bench	bicycle
butcher	baker
fountain	house

coche	escuela
camión	calle
tienda	fábrica
bicicleta	banco
panadería	carnicería
casa	fuente

lake	forest
hill	sea
mountain	tree
rain	flower
bridge	river
farm	field

bosque	lago
mar	colina
árbol	montaña
flor	lluvia
río	puente
campo	granja

heavy	light
big	small
old	new
fast	slow
clean	dirty
inexpensive	expensive

ligero	pesado
pequeño	grande
nuevo	viejo
lento	rápido
sucio	limpio
caro	barato

duck

cat

mouse

cow

rabbit

dog

horse

monkey

bull

fish

donkey

sheep

gato	pato
vaca	ratón
perro	conejo
chango	caballo
pescado	toro
borrego	burro

arm	finger
head	mouth
ear	leg
hand	stomach
eye	hair
nose	back

dedo	brazo
boca	cabeza
pierna	oreja
estómago	mano
pelo	ojo
espalda	nariz

please	thank you
yes	no
hello	goodbye
yesterday	today
tomorrow	where?
here	there
sorry!	how much?
great!	now

gracias	por favor
no	sí
adiós	hola
hoy	ayer
¿dónde?	mañana
ahí	aquí
¿cuánto?	perdón
ahora	¡padre!